I0693597

Alfonso Mariño Caamaño

MANUAL DEL GILIPOLLAS ILUSTRADO

Manual del Gilipollas Ilustrado
© Alfonso Mariño Caamaño, 2024

Primera edición: noviembre de 2024
© De la presente edición: AMCAA, 2024
    Dirección de Arte: Roger Castillejo Olán

ISBN: 979-83-46205-01-2

Contenido

Prefacio

Querido lector, bienvenido a una aventura sin igual, un viaje de autodescubrimiento y, por qué no decirlo, de revelación (¡esperemos que no de horror!). Este libro nace de una observación profunda y constante de la fauna social que nos rodea, en especial, de esa especie omnipresente y difícil de ignorar: el GILIPOLLAS.

¿Quién no ha tenido que lidiar alguna vez con ese sabelotodo que monopoliza las reuniones, ese compañero de gimnasio que parece más interesado en impresionar que en sudar, o aquel entusiasta de las redes sociales que hace de cada uno de sus *posts* un espectáculo? Y, quizás más importante, ¿quién puede afirmar con total seguridad que nunca, jamás, en ningún contexto, ha tenido un pequeño momento de «gilipollez»? Este libro no busca juzgar ni señalar a nadie (bueno, tal vez señalemos un poquito), sino brindar una guía amena y detallada sobre cómo identificar, evitar y reírse de los gilipollas… y de nosotros mismos cuando inevitablemente caemos en uno de estos comportamientos.

Es importante aclarar que este libro no tiene bases académicas ni está respaldado por ningún estudio científico. Aquí no hay estadísticas ni teorías psicológicas profundas; no encontrarás referencias a grandes pensadores ni análisis complejos de la conducta humana. Lo que sí encontrarás son observaciones agudas, bromas sinceras y una buena dosis de autocrítica, porque si algo necesitamos en este mundo tan serio, es aprender a reírnos de nuestras propias ridiculeces.

Manual del Gilipollas Ilustrado es una invitación a explorar los rincones más cómicos de la condición humana. Desde el «gilipollas corporativo» que convierte cada junta en una oportunidad de lucimiento personal, hasta el «gilipollas de redes» que vive para los *likes* y las *selfies*, hemos intentado cubrir todas las formas en que este personaje se manifiesta en nuestras vidas. Lo que aquí encontrarás son caricaturas de personajes reales, espejos exagerados de esos comportamientos que preferimos señalar en otros y no tanto en nosotros.

Así que, antes de comenzar, te propongo algo: ármate de humor y autocrítica, y prepárate para identificar a los gilipollas que te rodean. Y, si en alguna página, en alguna descripción o situación, te encuentras a ti mismo, no te preocupes… ¡eso solo significa que también tienes sentido del humor!

Bienvenido a este recorrido, donde el objetivo no es otro que reírnos juntos de la pequeña (o gran) gilipollez que todos llevamos dentro.

Introducción
Breve guía para navegar en el mundo de los gilipollas

¿Qué es un gilipollas?
¿Por qué escribir un manual sobre ellos?

Si has llegado hasta aquí, es probable que te hayas topado alguna vez con un gilipollas. O con varios. Quizás incluso, y con un poco de autocrítica, puedas reconocer que tú mismo has ejercido de gilipollas en algún momento. No pasa nada, no te preocupes. Todos hemos caído en la trampa, más de una vez. Por eso, querido lector, he decidido escribir este manual, una obra profundamente ilustrada (y algo irónica) que pretende arrojar luz sobre esa figura tan recurrente de nuestro día a día: el gilipollas.

Ahora bien, puede que estés preguntándote: «¿De verdad hace falta un manual para esto?» La respuesta, querido lector, es sí, y con mayúsculas: SÍ. Los gilipollas están en todas partes: en la oficina, en las reuniones familiares, en la cola del supermercado, en el tráfico, y, por supuesto, en las redes sociales. Están por todas partes, y lo peor es que la mayoría ni siquiera sabe que lo es. Por eso este manual es tan necesario. No para atacar ni para señalar, sino para reírnos juntos (de ellos y de nosotros mismos) y, con suerte, empezar a identificar estos comportamientos que convierten a alguien en un auténtico gilipollas ilustrado.

Una breve (pero necesaria) definición

Pero antes de continuar, pongámonos de acuerdo en una cosa fundamental: ¿QUÉ ES UN GILIPOLLAS? A lo largo de las páginas de este manual, vamos a explorar este concepto desde distintas perspectivas, pero conviene partir de una definición más o menos clara para no perdernos.

El «gilipollas» no es simplemente alguien que molesta o fastidia a los demás. No, ser gilipollas va más allá. Es un arte. Es la capacidad de comportarse de manera egoísta, arrogante o desconsiderada sin siquiera darse cuenta de ello, o peor aún, siendo plenamente consciente de sus actos. Un gilipollas puede manifestarse de muchas formas: está el que se cree el centro del universo, el que siempre tiene razón (aunque no tenga idea de lo que está hablando), o el que disfruta criticando y despreciando a los demás para sentirse mejor consigo mismo.

Y si crees que tú no encajas en ninguna de estas descripciones… te invito a seguir leyendo. A veces el gilipollas no sabe que lo es. En fin, como solemos decir, «cada gilipollas piensa que el gilipollas es otro».

Un libro para todos (pero no para cualquiera)

Antes de que te asustes y cierres el libro pensando que esto es un ataque personal, debo aclarar algo importante: este manual no tiene la intención de insultar a nadie. ¡Nada más lejos de la realidad! Lo que realmente busca es hacer una radiografía sarcástica de esos comportamientos que, a veces, todos compartimos (sí, incluso tú y yo). Porque, seamos honestos, en algún momento todos hemos sido un poquito gilipollas. No es algo de lo que estar orgullosos, pero tampoco es motivo para sentir vergüenza. Al fin y al cabo, nadie es perfecto. Lo importante es reconocerlo, reírse de ello y, con suerte, aprender a ser un poco menos gilipollas en el futuro.

Este manual es para todos aquellos que están dispuestos a mirar un poco hacia adentro y reírse de sí mismos. Es para los que saben que el humor es una poderosa herramienta de autocrítica. Es para los que, después de leer este libro, serán capaces de detectar al gilipollas en su entorno, y quizá, solo quizá, tendrán la suficiente sabiduría para reconocer los momentos en los que ellos mismos podrían estar cayendo en esa categoría.

Eso sí, este libro NO es para aquellos que creen que ya lo saben todo, que siempre tienen razón, y que el problema son los demás. Si eres de esos… bueno, podrías estar ante una lectura reveladora. O tal vez simplemente te enfades y lo dejes a mitad, lo cual sería bastante gilipollas de tu parte, la verdad.

¿Por qué un «Manual»?

En los tiempos que corren, donde todo parece tan serio, tan técnico, tan especializado, parece casi una broma escribir un manual sobre algo tan aparentemente banal como ser gilipollas. Pero lo cierto es que la vida no viene con instrucciones, y a veces se agradece una guía. Este libro no te va a enseñar a ser mejor persona, ni te va a dar las claves para el éxito, pero te ayudará a identificar y esquivar a los gilipollas de tu vida diaria. Incluso puede que te ayude a evitar convertirte en uno de ellos.

¿Por qué «ilustrado»? Porque no solo hablamos del gilipollas común, sino de aquel que se cree por encima de los demás. Ese que piensa que su opinión es la más válida, que su forma de vivir es la correcta y que, si tú no coincides con él, estás equivocado. El gilipollas ilustrado es el peor tipo de gilipollas, porque no solo es irritante, sino que además tiene la capacidad de hacernos sentir pequeños. Pero no te preocupes, después de leer este manual, estarás armado con las herramientas necesarias para desarmarlo… o al menos para reírte un poco de su prepotencia.

Aviso a navegantes

Este libro está lleno de sarcasmo, ironía y humor negro. Si no tienes sentido del humor o te tomas las cosas demasiado en serio, tal vez este no sea el libro adecuado para ti. Pero si eres capaz de reírte un poco de ti mismo y de las ridículas actitudes humanas que todos compartimos, entonces estás en el lugar correcto. Aquí encontrarás ejemplos, anécdotas y reflexiones que te harán sonreír (o reírte a carcajadas) mientras reconoces a esas personas en tu entorno que parecen haber nacido con el manual de gilipollas bajo el brazo.

Así que, adelante, pasa la página. Y recuerda: NO SOMOS RESPONSABLES SI, AL FINAL DE ESTE LIBRO, TE DAS CUENTA DE QUE ERES TÚ EL GILIPOLLAS DEL QUE ESTÁBAMOS HABLANDO.

Capítulo 1
El gilipollas cotidiano

El gilipollas cotidiano

El «gilipollas cotidiano» es esa persona que te cruzas a diario y que, con sus acciones, hace que te preguntes si el sentido común es en realidad una habilidad sobrevalorada. El gilipollas cotidiano no tiene grandes aspiraciones de grandeza ni busca reconocimiento global (eso lo dejaremos para los capítulos posteriores), pero en su pequeñez consigue crear una atmósfera de irritación y desconcierto en todos los que lo rodean.

Lo puedes encontrar en la cafetería, en el trabajo, en el gimnasio, o incluso en tu familia. Es esa persona que, por alguna razón, ha perfeccionado el arte de molestar, interrumpir o imponer su manera de hacer las cosas. Lo hace de manera natural, casi con elegancia. El gilipollas cotidiano no se esfuerza en serlo, lo es por instinto.

Este capítulo está dedicado a esas pequeñas actitudes de la vida diaria que sacan a relucir el gilipollas que muchos llevan dentro, pero que algunos practican con más esmero que otros. Empecemos con algunos de sus comportamientos más emblemáticos.

El rey del «Yo primero»

No hay escena más reveladora del gilipollas cotidiano que verlo en acción en una cola. La fila del supermercado, la fila del cine, la fila para comprar boletos de tren; donde haya que esperar pacientemente, allí aparecerá este tipo de gilipollas.

Este personaje está convencido de que su tiempo es más valioso que el del resto, y su comportamiento lo deja claro. En el supermercado, por ejemplo, el gilipollas cotidiano no puede soportar la idea de esperar su turno como el resto de los mortales. Entonces decide adelantarse, a veces fingiendo despiste («¡Uy, no me di cuenta de la fila!»), y otras veces simplemente mirando a los demás con la firme convicción de que ellos deberían comprender que su vida es mucho más importante y que, por tanto, tiene el derecho de saltarse el orden establecido.

Es curioso observar cómo actúa este tipo de gilipollas. Su estrategia no siempre es abiertamente confrontativa. Muchas veces usa técnicas más sutiles para lograr su objetivo. Por ejemplo, finge no ver la fila, comienza a «curiosear» justo al frente de la caja registradora o se distrae mirando su teléfono móvil, dando pequeños pasos hacia adelante como si no estuviera consciente de la gente que lo rodea.

→ **Caso de estudio: El gilipollas en la cafetería**
Imagina que estás en una cafetería, esperando pacientemente tu turno para pedir ese café que necesitas desesperadamente para empezar el día. Llevas cinco minutos en la fila cuando, de repente, una figura aparece de la nada. Es el gilipollas cotidiano. Se cuela delante de ti, camina con aire decidido hacia la caja y, como si fuera el único cliente en el lugar, comienza a pedir con total naturalidad, ignorando por completo la fila que lleva formada desde antes de que él apareciera. No hay ni un atisbo de remordimiento en su actitud.

¿Y qué haces tú? Probablemente nada, porque el gilipollas cotidiano ha aprendido a actuar con tal convicción que tú mismo empiezas a dudar si quizás fue tu culpa por no haber sido lo suficientemente rápido. Pero no te preocupes, la próxima vez que te suceda, podrás reconocerlo y saber que no, no eres tú, es él: el gilipollas cotidiano.

Los malentendidos del sarcasmo
El sarcasmo puede ser una herramienta brillante cuando se usa con inteligencia. Sin embargo, en manos del gilipollas cotidiano, el sarcasmo se convierte en una herramienta de destrucción masiva de buenas voluntades. El gilipollas que abusa del sarcasmo lo utiliza como si fuera un escudo, una manera de imponerse a los demás bajo la apariencia de «humor».

Este tipo de gilipollas no hace chistes por diversión o para aligerar el ambiente; su único propósito es hacer que los demás se sientan tontos o inferiores. Cuando alguien comenta algo con buena intención o simplemente expresa una opinión, el gilipollas sarcástico se apresura a intervenir con un comentario que pretende ser ingenioso, pero que en realidad sólo revela su propio cinismo.

⇢ Ejemplo clásico: La reunión de trabajo

Imagina que estás en una reunión laboral. Alguien sugiere una nueva idea para un proyecto. No es una mala idea, incluso parece prometedora, pero no llega a salir del todo bien porque antes de que termine de explicarse, aparece el gilipollas cotidiano con su comentario sarcástico: «Oh sí, claro, ¿y por qué no llevamos también unicornios voladores al cliente?». Todos se ríen forzadamente, pero la tensión se instala en el ambiente. Lo que podría haber sido una conversación constructiva se convierte en un espectáculo donde el objetivo es ridiculizar a alguien.

El gilipollas sarcástico no se da cuenta de que su uso excesivo del sarcasmo no lo hace parecer más listo o ingenioso. Al contrario, lo que proyecta es una falta de empatía y una necesidad constante de demostrar que es «mejor» que los demás. Y, para ser sinceros, eso es una de las formas más comunes de ser un gilipollas cotidiano.

«Lo mío siempre es más importante»

Si hay una característica universal del gilipollas cotidiano es su capacidad para convertir cualquier conversación en una oda a sí mismo. No importa de qué se esté hablando; para este personaje, lo suyo siempre será más relevante, más interesante, más dramático o más urgente.

Estás contando una anécdota graciosa de tu último viaje y el gilipollas cotidiano interviene de inmediato con: «Eso no es nada, cuando yo fui a Tailandia…», y se embarca en una larga historia sobre lo increíble que fue su viaje, cómo casi fue atacado por un tigre (pero no realmente), y cómo él pudo resolver todo gracias a su increíble ingenio. Al final, tu historia queda eclipsada y la conversación ha girado por completo hacia él.

Este comportamiento no se limita a conversaciones triviales. En el trabajo, este tipo de gilipollas es el que siempre está convencido de que su proyecto es el más urgente, su problema es el más difícil, y sus ideas son las que deben ser escuchadas. Su lema no es otro que:

Lo mío es más importante que lo tuyo.

El gilipollas cotidiano vive entre nosotros

El gilipollas cotidiano es, en muchos aspectos, el más común y el más fácil de reconocer. Está por todas partes y en todo momento. Sin embargo, su principal característica es la falta de conciencia de su propia gilipollez. A menudo, no se da cuenta de que sus acciones son molestas o que está imponiendo su ego por encima de los demás. Esto lo convierte en una figura casi simpática, porque al final del día, todos hemos sido un poco gilipollas en alguna ocasión.

Lo importante es aprender a detectar estas actitudes y, con suerte, evitar caer en ellas. Y, si ya nos hemos convertido en un gilipollas cotidiano, quizás sea el momento de hacer algunos cambios (o, al menos, de aprender a reírnos de nosotros mismos).

Capítulo 2
El gilipollas digital

La era dorada del gilipollas

Nunca antes en la historia de la humanidad ha sido tan fácil
ser un gilipollas. La llegada de internet y, más específicamente,
de las redes sociales, ha proporcionado una plataforma ideal

para que el gilipollas digital florezca. Desde la comodidad de su casa, protegido por la pantalla de su ordenador o móvil, este tipo de gilipollas ha encontrado el escenario perfecto para proyectar sus opiniones sin filtros, sin moderación y, lo peor de todo, sin consecuencias inmediatas.

Internet ha democratizado la información, pero también ha democratizado la gilipollez. Ahora, cualquiera con una conexión a internet puede convertirse en un experto en cualquier tema, sin necesidad de formación ni conocimiento. Lo importante es que su voz sea escuchada, aunque no tenga nada que aportar.

Este capítulo está dedicado a esos personajes que infestan el mundo digital: desde el comentarista anónimo que dispara odio sin motivo alguno hasta el eterno «sabelotodo» que parece tener una opinión sobre absolutamente todo. ¡Bienvenidos al reino del gilipollas digital!

El comentarista anónimo

El anonimato en internet puede ser una bendición para aquellos que buscan expresar sus ideas sin miedo a represalias. Pero, al mismo tiempo, ha creado una fauna peligrosa: el gilipollas anónimo. Este personaje, oculto tras un nombre de usuario ridículo y una foto de perfil genérica (o peor, sin foto), se dedica a sembrar discordia en foros, redes sociales y secciones de comentarios. Su principal objetivo no es debatir ni compartir ideas, sino lanzar insultos, críticas destructivas y opiniones tóxicas, sin importar el tema que esté en discusión.

El gilipollas anónimo actúa como un francotirador. Desde las sombras, dispara comentarios ácidos y ofensivos que a menudo tienen poco o nada que ver con el tema en cuestión. Sus comentarios van desde lo innecesario hasta lo cruel, y lo hace con una soltura que solo el anonimato le permite. Al no tener que mostrar su cara, se siente libre para expresar lo peor de sí mismo.

⤳ Ejemplo típico: El foro de discusión
Imagina que estás en un foro de internet discutiendo sobre una película. La conversación es bastante civilizada hasta que, de repente, aparece un comentario del gilipollas anónimo: «Esa película es una mierda, solo a un imbécil como tú podría gustarle». No hay argumentos, no hay razones, solo insultos gratuitos. ¿Y qué sucede después? A menudo, nada. Porque el gilipollas anónimo raramente vuelve para dar la cara o continuar la conversación. Ha lanzado su bomba de negatividad y desaparece en la niebla del ciberespacio, buscando su próxima víctima.

Este comportamiento se replica en prácticamente todas las plataformas digitales, desde YouTube hasta las secciones de comentarios de periódicos. Lo preocupante es que, mientras más lo ignoran o lo enfrentan, más alimentado parece sentirse el gilipollas anónimo. Su toxicidad se multiplica, porque en su mente está convencido de que, aunque nadie le da la razón, él tiene la verdad absoluta.

El maestro en todo
El gilipollas digital que actúa como «maestro en todo» es un fenómeno fascinante. Es ese individuo que, sin importar el tema en cuestión, tiene una opinión formada, que considera siempre la correcta. Da igual si se trata de política, ciencia, cocina o arreglos florales; él sabe de todo, y lo que es peor, siente la necesidad de hacérselo saber a todo el mundo.

Este personaje no solo interviene en conversaciones ajenas, sino que lo hace con la seguridad y prepotencia de un experto, aunque su experiencia sea completamente nula. Su recurso favorito es Google, y con un par de búsquedas rápidas y superficiales, ya se siente con la autoridad de corregir a cualquiera que se atreva a disentir.

→ Caso de estudio: El gilipollas en redes sociales

Tomemos como ejemplo a un debate que surge en Facebook o Twitter sobre los beneficios de las vacunas. Un grupo de personas está discutiendo de manera razonable, intercambiando información verificada y opiniones matizadas. Entonces, el gilipollas «maestro en todo» entra en la conversación y, con aire de superioridad, lanza una afirmación categórica como: «He leído que las vacunas causan autismo, investiguen más antes de hablar». A continuación, comparte un enlace dudoso a un artículo pseudocientífico o un video de YouTube hecho por alguien con una dudosa autoridad en el tema.

¿Qué hace que este gilipollas digital sea tan irritante? Su total incapacidad para aceptar que podría estar equivocado. No importa cuántos estudios científicos se le presenten, ni cuántas fuentes confiables lo refuten, el maestro en todo siempre encuentra una manera de desacreditar los argumentos ajenos y reafirmar su propia ignorancia con arrogancia.

«Mira lo que comí»

El gilipollas digital no se limita a opinar sobre todo, también siente la necesidad de documentar cada detalle irrelevante de su vida, especialmente en redes sociales como Instagram o Facebook. Esta forma de gilipollez se caracteriza por la sobreexposición de detalles insignificantes, con el único fin de recibir validación externa. Y el mejor ejemplo de esto es la tendencia de compartir fotos de comida en redes sociales.

Sí, todos hemos visto esa foto perfecta de un brunch con aguacate, huevo pochado y café latte decorado con arte en espuma. Hasta ahí, todo bien. Pero cuando una persona empieza a subir absolutamente todo lo que come, desde un simple sandwich hasta un plato de macarrones mal cocidos, entonces tenemos a un gilipollas digital en su máxima expresión.

⇥ Ejemplo típico: «El influencer de pacotilla»
Este gilipollas digital no solo comparte fotos de lo que come, sino que también acompaña las imágenes con descripciones exageradas, como si estuviera participando en un concurso de literatura gastronómica: «Disfrutando de este delicioso plato de quinoa orgánica con reducción de balsámico y espinacas baby al vapor… simplemente divino». ¿Qué tiene de malo compartir una buena comida? Nada, pero el gilipollas digital lo convierte en una competencia de exhibicionismo constante.

Lo más curioso es que, a menudo, este tipo de gilipollas no lo hace porque realmente le apasione la comida, sino porque busca la aprobación de los demás. Cada «like», cada comentario, es una validación de su estilo de vida, que necesita reafirmar constantemente, como si la falta de interacción digital devaluara su experiencia.

El ecosistema del gilipollas digital

El gilipollas digital es una criatura compleja y multifacética. Aprovecha la democratización de internet para proyectar su ego, su ignorancia o su vida sin censura. Aunque a veces resulta irritante, lo cierto es que todos hemos caído alguna vez en alguna de estas categorías. Tal vez hayamos dejado un comentario sarcástico en una discusión online, o compartido esa foto innecesaria de nuestro almuerzo en redes sociales.

Lo importante es reconocer los momentos en los que estamos siendo un gilipollas digital y tratar de corregir el rumbo. El mundo online es vasto, y tiene espacio para todo tipo de comportamientos, pero si conseguimos ser un poco más conscientes de cómo actuamos, tal vez podamos contribuir a que el ecosistema digital sea un poco menos tóxico… o, al menos, un poco más entretenido sin tanta gilipollez.

Capítulo 3
El gilipollas laboral

La oficina, un ecosistema de gilipollas

El trabajo es, sin duda, uno de los escenarios donde el gilipollas más prolifera. En el entorno laboral, nos enfrentamos a la realidad de convivir diariamente con personas con las que no necesariamente compartimos ni afinidades ni filosofías de vida, pero de alguna manera debemos aprender a sobrevivir con ellas. En este entorno cerrado, el gilipollas laboral se convierte en una presencia constante, camuflado bajo roles profesionales, jerarquías y protocolos que hacen más difícil enfrentarlo sin parecer «el conflictivo».

Sin embargo, no todo está perdido. Aunque es inevitable cruzarse con gilipollas en el trabajo, este capítulo tiene el propósito de desmenuzar sus comportamientos, identificar sus patrones y, con un poco de humor, aprender a enfrentarnos a ellos sin perder la cordura.

El jefe gilipollas

Comenzamos con la cúspide de la pirámide laboral: el jefe gilipollas. Este personaje encarna la peor pesadilla para cualquier empleado: un líder que, en lugar de inspirar o guiar a su equipo, parece estar empeñado en hacer la vida de sus subordinados lo más miserable posible. El jefe gilipollas no necesariamente es incompetente, pero sí carece de empatía, compasión y, en muchos casos, de un mínimo de habilidades sociales.

Uno de los rasgos más característicos del jefe gilipollas es su capacidad para asignar tareas absurdas o imponer plazos imposibles sin tener la más mínima consideración por la carga de trabajo de su equipo. Esta clase de jefe no lidera, simplemente da órdenes con la arrogancia de quien se siente intocable.

➤ Ejemplo clásico: El jefe de última hora

Imagina la escena: es viernes, 6 de la tarde, y ya estás preparando mentalmente tu escapada del trabajo para disfrutar del fin de semana. Entonces, aparece tu jefe gilipollas. Sin previo aviso, te entrega un informe o un proyecto urgente que «necesita para primera hora del lunes», sin importar que ese informe lleve semanas sin moverse en su escritorio. Lo peor de todo es que se muestra sorprendido cuando te ve molesto. Después de todo, **¿qué son un par de horas extra en el fin de semana?** Para el jefe gilipollas, tu tiempo libre no existe; para él, el trabajo lo es todo… pero solo para ti, porque él seguro que ya está planeando su escapada al campo o su noche de relax con Netflix.

Este tipo de jefe también tiene la habilidad de aparecer solo cuando las cosas van mal. Si todo va bien en un proyecto, no lo verás por ningún lado, pero si algo falla, el jefe gilipollas no dudará en responsabilizar a su equipo y salvar su propio pellejo. Siempre con frases motivacionales de fondo como: **«Hay que dar el 110%»**, una cifra que, por supuesto, no tiene ningún sentido matemático ni humano.

El compañero saboteador

El gilipollas laboral no se limita solo a quienes tienen autoridad. A veces, el mayor dolor de cabeza es ese compañero que, aunque parece amigable, en realidad está constantemente saboteando a los demás. El compañero saboteador es astuto. Sabe cuándo hacerse el simpático, cuándo lanzar comentarios insidiosos y cuándo echarte la culpa de algo sin que parezca evidente.

Este tipo de gilipollas disfruta viendo cómo sus colegas se tropiezan mientras él avanza sin esfuerzo. Nunca es el que más trabaja, pero siempre parece obtener el reconocimiento, ya sea por su habilidad para apropiarse de las ideas ajenas o por saber exactamente cuándo hacer un comentario venenoso ante los superiores.

⇥ Caso de Estudio: La reunión estratégica

Imagina que estás en una reunión importante en la oficina, exponiendo una idea en la que has trabajado durante semanas.

De repente, el compañero saboteador interviene con una sonrisa de falsa cortesía y dice algo como: «Es una buena idea, pero ¿no sería mejor si lo enfocamos de esta otra manera?». En ese instante, toma tu idea, la cambia ligeramente y se la apropia. Los jefes asienten y le dan crédito por la propuesta. Tú, mientras tanto, te quedas mirando impotente cómo tu trabajo se desmorona ante tus ojos, y te preguntas por qué no dijiste algo antes. El saboteador ha ganado una vez más.

Este tipo de gilipollas es experto en sembrar la duda y manipular las situaciones para quedar bien con todos, mientras sus compañeros sufren las consecuencias de su comportamiento. En privado, puede ser un amigo cordial, pero en cuanto entra a la oficina, se convierte en un depredador de oportunidades.

El e-mail innecesario

La tecnología debería facilitar el trabajo, pero en manos del gilipollas laboral, se convierte en una herramienta de tortura. Este tipo de gilipollas es el que siente la necesidad de enviar e-mails a toda hora y por cualquier motivo, sin importar cuán irrelevante o innecesario sea el contenido. No hay nada más molesto que llegar a la oficina y encontrar la bandeja de entrada repleta de correos que bien podrían haberse resumido en una frase… o mejor aún, no haberse enviado en absoluto.

El gilipollas del e-mail innecesario no conoce el concepto de síntesis. Cada mensaje es una disertación interminable sobre algo que probablemente podría resolverse con una conversación rápida. Lo peor de todo es que, cuando envía estos correos, espera una respuesta inmediata, como si su correo fuese la prioridad número uno en tu lista de tareas.

→ **Ejemplo típico: El e-mail a medianoche**

Es domingo a las 11 de la noche, y justo cuando estás a punto de dormir, te llega una notificación: un e-mail de trabajo. ¿Es algo urgente? No. Es un informe que alguien ha decidido compartir a última hora con un texto larguísimo y lleno de detalles que podrían esperar hasta el lunes por la mañana. El gilipollas del e-mail innecesario no entiende que no todos están conectados a su correo las 24 horas del día, y cuando no respondes de inmediato, se ofende. Para este gilipollas, el silencio es una afrenta personal.

Peor aún, el gilipollas del e-mail innecesario es el primero en incluir a todo el mundo en la cadena de correos, haciendo que temas tan simples como la programación de una reunión se conviertan en discusiones interminables entre diez personas, cada una aportando algo que no añade nada. Al final, todos terminan en una conversación que ni les interesa ni les concierne.

El motivador tóxico

La motivación en el trabajo es importante, pero el motivador tóxico lleva esto a un extremo ridículo. Este tipo de gilipollas laboral siempre está en «modo positivo», y trata de imponer su optimismo excesivo en todos, sin importar la situación. No importa que el proyecto esté en crisis, que los plazos sean imposibles o que el equipo esté agotado; el motivador tóxico siempre tiene una sonrisa en la cara y te suelta frases vacías como: «¡Vamos, equipo! ¡Podemos hacerlo! ¡El fracaso no es una opción!».

Lo que hace especialmente insoportable al motivador tóxico es su incapacidad para entender el cansancio o el desánimo. Si alguien se atreve a expresar su frustración o preocupación, él lo ve como una actitud negativa que debe ser corregida de inmediato. En lugar de ayudar a resolver problemas, minimiza los obstáculos y los trata como algo que se puede superar simplemente «pensando en positivo».

⇥ Caso de estudio: El proyecto imposible

El equipo está al borde del colapso: largas jornadas, un cliente exigente y plazos cada vez más ajustados. En medio de la desesperación, aparece el motivador tóxico, sonriente como si estuviera presentando un programa de televisión matutino. «¡Chicos, todo es posible si trabajamos juntos!», dice, como si el estrés y la falta de recursos se solucionaran con un par de frases motivacionales baratas.

Cuando alguien expresa preocupación por la viabilidad del proyecto, el motivador tóxico le responde con algo como: «¡Con esa actitud no vamos a llegar a ninguna parte! Hay que ser positivos». Y así, el equipo termina trabajando hasta el agotamiento, no porque realmente crean en el proyecto, sino porque nadie quiere enfrentarse a la constante lluvia de optimismo tóxico.

Conclusión: La jungla del trabajo

El mundo laboral es una selva, y como en cualquier selva, los depredadores existen. El gilipollas laboral se manifiesta de muchas maneras, desde el jefe autoritario hasta el compañero saboteador, pasando por el adicto al e-mail y el motivador tóxico. Aprender a identificar estos comportamientos es clave para sobrevivir en el entorno de trabajo sin volverte loco.

Afortunadamente, con un poco de humor y una buena dosis de paciencia, es posible manejar a los gilipollas laborales sin dejar que te amarguen la existencia. Al final del día, lo importante es recordar que, aunque no puedes elegir a tus compañeros de trabajo, sí puedes elegir cómo lidiar con ellos… y evitar convertirte tú mismo en uno de ellos.

Capítulo 4
El gilipollas social

Las reglas no escritas del comportamiento social

La vida en sociedad requiere ciertas normas básicas de convivencia, un código no escrito que todos seguimos (o al menos intentamos seguir) para hacer la interacción con otros más llevadera. Sin embargo, el gilipollas social parece haber nacido sin esta brújula interna. O, peor aún, la ignora deliberadamente. Este tipo de gilipollas se manifiesta en fiestas, cenas, reuniones familiares o cualquier situación donde haya una interacción entre personas. Para él, cualquier ocasión social es una oportunidad para destacar, interrumpir, monopolizar la conversación o simplemente comportarse de una manera que incomoda a los demás.

El gilipollas social no siempre es el protagonista que todos notan desde el primer momento, pero sus comentarios inoportunos, su falta de tacto o su comportamiento incómodo lo delatan a los pocos minutos de haber llegado. A lo largo de este capítulo, exploraremos algunos de los arquetipos más comunes de este personaje.

El monopolizador de la conversación

Uno de los más irritantes ejemplos de gilipollas social es el que monopoliza las conversaciones. Este personaje siente la necesidad constante de ser el centro de atención en cualquier charla grupal, y no lo hace con elegancia o por el interés de aportar algo valioso, sino simplemente porque no soporta que alguien más sea escuchado. Si alguien menciona una anécdota interesante, el gilipollas monopolizador interrumpirá inmediatamente para contar una historia más impresionante, más dramática o más absurda. Si se habla de un tema en el que no tiene conocimientos, eso no lo detendrá: lanzará su opinión, aunque sea irrelevante o, peor aún, equivocada.

→ Ejemplo típico: La cena de amigos

En una cena relajada entre amigos, todos conversan sobre sus vacaciones. Uno de ellos empieza a contar con entusiasmo su reciente viaje a la montaña, pero antes de que pueda terminar la primera frase, el gilipollas monopolizador interviene: «¡Oh, yo también fui a la montaña, pero lo mío fue increíble! Me encontré con un oso y sobreviví como un auténtico superviviente». De repente, toda la atención se centra en él, mientras su relato se vuelve cada vez más extravagante y nadie puede retomar la conversación original. Al final, el tema inicial ha sido aplastado bajo su incesante necesidad de protagonismo.

Este gilipollas no se da cuenta o no le importa que esté acaparando la conversación. Para él, lo único que importa es que su voz se escuche, y cuanto más hable, mejor se siente. La incomodidad de los demás le es indiferente.

El crítico inoportuno

Otro arquetipo del gilipollas social es el crítico inoportuno. Este individuo tiene la capacidad de encontrar algo negativo en cualquier situación y lo expresa sin filtros ni consideración por el momento o el lugar. No importa si es una boda, una fiesta de cumpleaños o una reunión informal; el gilipollas crítico siempre encuentra algo que criticar, desde la decoración hasta la comida, pasando por la ropa de los asistentes.

El crítico inoportuno no lo hace necesariamente con malicia, pero su necesidad de expresar su descontento o desacuerdo constantemente lo convierte en una figura irritante. No puede simplemente disfrutar del momento; su cerebro parece estar programado para detectar fallos en todo lo que lo rodea, y su boca no puede evitar mencionarlos en voz alta.

⇥ Caso de Estudio: La boda perfecta

Estás en una boda que ha sido cuidadosamente planeada por meses. Todo es hermoso, la comida es deliciosa, la música es perfecta y los invitados están disfrutando. Pero ahí está el gilipollas crítico, que, mientras todos los demás alaban lo bien que ha salido todo, suelta un comentario como: «La música está bien, pero creo que habrían podido escoger algo menos comercial, esto es muy predecible». Y, por supuesto, lo dice lo suficientemente alto para que todos a su alrededor lo escuchen.

Este tipo de comportamiento arruina el ambiente, especialmente en eventos importantes. El gilipollas crítico siempre encuentra el modo de echarle agua fría a los momentos que los demás están disfrutando. Y, lo peor, es que no puede evitar compartir su opinión, aunque nadie se la haya pedido.

El fotógrafo profesional

Con la era de las redes sociales y la obsesión por documentar cada momento de la vida, ha surgido un nuevo tipo de gilipollas social: el fotógrafo profesional no solicitado. Este personaje no puede participar en ningún evento sin convertirlo en una sesión de fotos interminable. Para él, cada reunión es una oportunidad para hacer mil fotos que luego subirá a Instagram, Facebook o TikTok. Pero no solo hace fotos: obliga a los demás a participar, les pide que posen, que repitan escenas y, sobre todo, que tengan paciencia mientras ajusta el encuadre perfecto.

➤ **Ejemplo típico: La salida casual al bar**

Estás con unos amigos en un bar, tomando algo después del trabajo. El ambiente es relajado y todo parece ir bien hasta que el gilipollas fotógrafo profesional saca su móvil y empieza a decir: «¡Vamos, vamos, chicos! ¡Una foto para Instagram! ¡No, esa no ha salido bien, otra! ¡Todos sonrían, por favor!». Antes de que te des cuenta, la noche casual se ha convertido en una sesión fotográfica donde nadie parece estar disfrutando realmente del momento. Y cuando, al fin, puedes relajarte, llega el «tenemos que hacer un brindis para las fotos».

Este gilipollas convierte la espontaneidad en algo forzado y, lo peor de todo, no se da cuenta de que nadie más está tan interesado en la foto perfecta como él. Para él, lo importante no es el momento en sí, sino cómo se verá ese momento en sus redes sociales.

El «Yo conozco a alguien»

El gilipollas social que afirma conocer a todo el mundo y tener contactos en los lugares más insospechados es otro clásico. Siempre tiene una historia de cómo él o un amigo suyo tiene conexión directa con la persona o situación de la que se está hablando. Da igual el tema, el «yo conozco a alguien» se encargará de resaltar su supuesto acceso privilegiado a información o personas importantes, como si esto validara automáticamente cualquier cosa que diga.

Este personaje convierte cualquier conversación en una oportunidad para presumir de sus contactos, que muchas veces son exagerados o directamente inventados.

⇥ Caso de estudio: El concierto imposible

Estás hablando con amigos sobre lo difícil que fue conseguir entradas para un concierto de tu grupo favorito, y el gilipollas «yo conozco a alguien» interviene: «Oh, yo no tuve problemas para conseguir entradas, un amigo mío trabaja con la banda y me dio acceso directo». No importa si es cierto o no, lo importante para este gilipollas es mostrar que tiene una ventaja o conexión especial que los demás no.

Sobrevivir al gilipollas social

Navegar por situaciones sociales es complicado, y más cuando tienes que lidiar con gilipollas sociales. Desde el que monopoliza la conversación hasta el fotógrafo que no deja que nadie disfrute del momento, estos personajes están siempre presentes, y probablemente todos, en algún momento de nuestras vidas, hemos sido uno de ellos. La clave está en reconocer cuándo estamos cruzando esa línea y aprender a moderarnos para no convertirnos en el centro de la incomodidad social.

Si bien no podemos evitar del todo a los gilipollas sociales, al menos podemos aprender a identificarlos y manejarlos con un poco de humor, paciencia y una pizca de ironía.

Capítulo 5
El gilipollas en su tiempo libre

El descanso es para los demás

El tiempo libre es, para la mayoría de las personas, un espacio de relajación, desconexión y disfrute personal. Sin embargo, para el gilipollas, es otra oportunidad para mostrar su verdadera naturaleza, porque, lejos de las estructuras formales del trabajo o las presiones sociales, se siente más libre para ser él mismo. En su tiempo libre, el gilipollas no se desactiva, sino que sigue manifestando su inagotable capacidad para molestar, irritar o, al menos, incomodar a quienes tienen la desgracia de compartir esos momentos con él.

Desde el gimnasio, donde convierte su rutina de ejercicio en una exhibición pública de ego, hasta las vacaciones, donde su comportamiento de «turista molesto» arruina la experiencia de los demás, el gilipollas se las arregla para brillar en su tiempo libre. Veamos algunos de los escenarios más comunes en los que este personaje actúa.

El gilipollas del gimnasio

El gimnasio es uno de los lugares donde el gilipollas en su tiempo libre suele manifestarse con mayor frecuencia. Este tipo de gilipollas convierte el gimnasio en su escenario personal. No importa si está allí para hacer ejercicio o no, lo importante es que todos noten su presencia. Este gilipollas es fácil de identificar por su hábito de acaparar las mejores máquinas o pesas, mientras pasa más tiempo mirando su propio reflejo en el espejo que entrenando. Además, no puede evitar gritar con exageración cada vez que levanta pesas o hace cualquier tipo de esfuerzo físico, como si estuviera compitiendo en los Juegos Olímpicos.

➜ **Ejemplo típico: El levantador de gritos**
Estás en el gimnasio, tratando de concentrarte en tu rutina, cuando de repente escuchas a alguien gritar como si estuviera en medio de una competición de fuerza. Miras a tu alrededor y lo ves: el gilipollas del gimnasio, levantando pesas mientras emite sonidos exagerados para que todos lo miren. Lo más probable es que ni siquiera esté levantando un peso tan impresionante,

pero eso no importa, lo relevante es que ha conseguido captar la atención de todos los presentes. Después, se pasea lentamente por la sala, mostrando su «logro» mientras sigue lanzando miradas furtivas al espejo.

Este tipo de gilipollas no solo interrumpe la concentración de los demás, sino que también suele ocupar las máquinas por más tiempo del necesario, porque entre serie y serie, tiene que revisar su móvil, hacerse fotos y, claro, subirlas a las redes sociales para que todos sepan que «está en el gimnasio trabajando duro».

El turista molesto

Cuando el gilipollas decide tomarse unas vacaciones, el mundo sufre. Viajar debería ser una experiencia enriquecedora, donde nos conectamos con nuevas culturas, lugares y personas. Pero el gilipollas turista parece tener una misión: hacer que todo el mundo a su alrededor sepa que él está de vacaciones y que nada ni nadie puede arruinar su momento. Este tipo de gilipollas es conocido por quejarse de todo, exigir un trato preferencial en hoteles y restaurantes, y, por supuesto, actuar como si todo el mundo le debiera algo.

⇥ Caso de Estudio: El que se cree VIP

Imagina la escena: estás en la fila del check-in en el aeropuerto, esperando pacientemente tu turno. De repente, aparece el gilipollas turista. No entiende por qué tiene que hacer fila como los demás, y empieza a discutir con el personal, exigiendo que lo atiendan de inmediato. «¡Yo pagué por este vuelo, merezco un trato mejor!», grita, sin importarle que todos han pagado lo mismo. O peor aún, llega a su destino y comienza a criticar todo: la comida local es «extraña», el clima es «insoportable», y los locales «no entienden lo que quiero».

Este gilipollas también tiene la costumbre de exigir que todos hablen su idioma, independientemente del país en el que se encuentre. Para él, adaptarse a la cultura local es una molestia innecesaria; son los demás quienes deben adaptarse a sus necesidades y caprichos.

El gilipollas de las redes sociales

Incluso en su tiempo libre, el gilipollas no puede evitar compartir cada detalle de su vida con el mundo a través de las redes sociales. Este personaje es conocido por inundar tu feed con fotos y actualizaciones constantes, en las que, por supuesto, él siempre es el protagonista. Si va a una fiesta, sube fotos de cada plato que come; si va al gimnasio, hay una selfie con cada levantamiento de peso; si está de vacaciones, publicará una foto cada hora para asegurarse de que todos sepan dónde está y qué está haciendo.

➤ Ejemplo típico: El influencer amateur

El gilipollas de las redes sociales no puede disfrutar de un momento sin documentarlo. Está en la playa y, en lugar de relajarse, pasa horas buscando el ángulo perfecto para su foto. En una comida con amigos, en lugar de conversar, está pendiente de capturar la mejor imagen de su plato. Todo se trata de la imagen y de la aprobación externa. Y lo peor es que no se da cuenta de lo poco que los demás están interesados en su constante búsqueda de *likes* y comentarios.

Este gilipollas también es propenso a publicar frases inspiradoras acompañadas de fotos suyas en paisajes idílicos, como si su vida fuera un constante viaje de autodescubrimiento y perfección. Lo que en realidad busca es aprobación y envidia, aunque nunca lo admitirá.

El organizador controlador

Salir con amigos debería ser una experiencia divertida y espontánea, pero cuando el gilipollas organizador se involucra, todo se convierte en una serie de reglas y cronogramas que nadie pidió. Este personaje se toma demasiado en serio el hecho de planear cualquier evento, ya sea una salida al cine, una cena o un fin de semana de viaje. Tiene que controlar todos los detalles: a qué hora llega cada uno, dónde se sientan, qué comen y hasta qué temas deben discutirse en la mesa.

⇥ Caso de estudio: La salida al restaurante

Has quedado con amigos para una cena tranquila, pero el gilipollas organizador se ha encargado de hacer la reserva. No es solo que haya reservado la mesa, sino que ha investigado el menú de antemano y ya tiene decidido qué deberías pedir. «La especialidad de la casa no es gran cosa, te recomiendo que pidas lo que yo he elegido, es lo mejor», te dice, mientras toma el control de la conversación y las decisiones de la noche.

Para este gilipollas, la idea de que alguien más tome decisiones es insoportable. Todo tiene que seguir su plan y si algo se sale del guión, se enfada o se pone nervioso. Lo peor es que su obsesión por controlar todo el evento hace que la experiencia deje de ser divertida para el resto.

El aficionado exagerado

Por último, tenemos al gilipollas aficionado, que convierte cualquier hobby en una competición personal. Este tipo de gilipollas no puede simplemente disfrutar de una actividad de ocio como cualquier otra persona. Si decide hacer senderismo, de repente se convierte en el «experto» que te explica cómo deberías caminar mejor. Si practica ciclismo, no deja de mencionar cuántos kilómetros ha recorrido y qué equipo profesional usa, incluso si solo sale los fines de semana.

➤ **Ejemplo típico: La excursión**

Imagina que decides ir a hacer una caminata tranquila con amigos. Pero resulta que uno de ellos es el gilipollas aficionado al senderismo. En lugar de disfrutar del paisaje, te pasa todo el camino hablando de la mejor técnica para subir colinas, las zapatillas más avanzadas que se compró, y lo mal que lo estás haciendo tú por no seguir su ritmo. Lo peor es que no puedes relajarte porque constantemente te está «corrigiendo» en algo.

Este gilipollas no puede simplemente disfrutar de su afición; tiene que demostrar que sabe más que los demás y que está en otro nivel, haciendo que la experiencia de los otros pierda su magia.

El descanso del gilipollas

El gilipollas, incluso en su tiempo libre, es incapaz de desconectar. En lugar de disfrutar de sus momentos de ocio, parece buscar la manera de sobresalir, controlar o molestar a quienes lo rodean. Desde el gimnasio hasta las vacaciones, su comportamiento sigue siendo una constante molestia, y al final, lo único que logra es arruinar esos momentos que deberían ser placenteros para todos.

El capítulo cierra así el ciclo del gilipollas, recordándonos que, aunque podemos encontrarlos en todas partes, no debemos dejar que sus comportamientos nos arruinen el disfrute. Con algo de humor y paciencia, podemos aprender a identificarlos, evitarlos y, sobre todo, asegurarnos de que no nos convertimos en uno de ellos.

Conclusión
Una travesía por el mar de la gilipollez

Y así, querido lector, hemos llegado al final de este viaje ilustrado por los mares de la gilipollez. ¿Quién diría que existía un mundo tan vasto, tan diverso y, francamente, tan absurdo, repleto de comportamientos que nunca habríamos imaginado?

Desde el gilipollas corporativo, pasando por el digital, el social y el de tiempo libre, hemos hecho una profunda inmersión en un océano de actitudes que, aunque parezcan exageradas, son dolorosamente (y divertidamente) reales.

Si algo nos ha enseñado esta travesía es que el gilipollas no es solo un individuo; es una especie en continua evolución. Cada año, cada avance tecnológico, cada cambio en las redes sociales y en las modas, trae consigo una nueva variante del gilipollas. Es como si cada etapa de la vida moderna le regalara nuevas oportunidades para brillar en su máxima expresión. Y si hemos hecho este recorrido con una sonrisa, quizá sea porque, en el fondo, sabemos que el gilipollas no solo es un molesto accesorio de la sociedad… sino que a veces, somos nosotros mismos.

La amarga realidad:
Todos llevamos un pequeño gilipollas dentro
La verdad es que, como decía aquel proverbio antiguo (y si no existe, lo inventamos): «Dime de qué presumes y te diré de qué gilipollez adoleces». Sí, todos, en algún momento, hemos sido ese personaje insoportable. Quizá fue en una reunión de trabajo donde monopolizamos el turno de palabra, o en una cena de amigos donde contamos aquella historia que ya nadie quería escuchar. Tal vez hemos tenido nuestra pequeña «performance» en el gimnasio o subido la foto del viaje perfecto en redes sociales, esperando que el mundo (o al menos nuestros cinco amigos de siempre) nos envidie un poquito. Y ese es el encanto de la gilipollez: no es exclusiva de unos pocos, es una sombra que nos sigue a todos, como un mal chiste que contamos sin darnos cuenta.

Agradecimientos a los gilipollas que nos inspiraron

Este libro no habría sido posible sin la inestimable ayuda de todos los gilipollas que nos encontramos a diario, aquellos que nos inspiran y que nos recuerdan que la gilipollez es, al final del día, una fuente inagotable de entretenimiento. Demos gracias a ese colega de trabajo que responde a los correos electrónicos con un «como ya dije anteriormente» y a ese familiar que, en cada reunión, siempre tiene una teoría conspirativa nueva para compartir. A los que escriben comentarios incendiarios en redes sociales por pura afición y a los que se creen VIP en cualquier situación, aunque estemos todos en la misma cola del supermercado. Ellos son los héroes no reconocidos de la modernidad, los que nos recuerdan que a veces es mejor reír que frustrarse.

Este libro es un tributo a esos personajes que iluminan nuestras vidas con su particular forma de ver el mundo (y de fastidiarnos en el proceso). Sin ellos, nuestras anécdotas serían menos jugosas, nuestros encuentros menos memorables, y el mundo, tal vez, sería un lugar mucho más aburrido.

Un llamado a la auto-reflexión (pero no mucho)

Ahora, querido lector, que has recorrido estas páginas y has conocido a cada tipo de gilipollas, quizás sientas el impulso de hacer un examen de conciencia. No pasa nada si alguna vez has sentido la necesidad de sacar el móvil para presumir en redes sociales de ese plato exótico que pediste en el restaurante de moda o si en algún momento acaparaste una conversación. Lo importante aquí es aprender a reconocer cuándo estás cruzando la línea entre el «mira qué interesante soy» y el «por favor, para, nadie más quiere oírlo».

Ser gilipollas de vez en cuando no es un crimen, y mucho menos un pecado. Es, de hecho, una muestra de nuestra humanidad y de nuestras ganas de destacar. Pero la clave está en saber dosificar ese impulso, para que nuestros amigos no nos miren con una mezcla de resignación y lástima cuando empezamos a contar aquella historia por quinta vez o cuando subimos esa misma foto de nuestro «cuerpo de gimnasio» al feed por décima vez en un mes.

Un último consejo:
Ser gilipollas... pero con gracia

Hay algo que hemos aprendido de este recorrido, y es que el gilipollas más tolerable es aquel que, al menos, tiene algo de gracia. La diferencia entre un gilipollas que irrita y uno que hace reír radica en su capacidad de autoironía, en su habilidad para reírse de sí mismo y no tomarse demasiado en serio. Así que, si alguna vez te descubres en una de estas actitudes descritas aquí, recuerda: ríete de ti mismo. Sé un gilipollas, pero un gilipollas con gracia. Porque al final, todos tenemos nuestras pequeñas excentricidades, y si vamos a ser insoportables, al menos hagámoslo con estilo.

El universo del gilipollas es infinito

Puede que este libro haya llegado a su fin, pero el universo de la gilipollez sigue expandiéndose. Si mañana nace una nueva aplicación de moda, si aparece una tendencia inesperada, puedes apostar que también aparecerá una nueva especie de gilipollas que la adopte con fervor, listos para hacernos suspirar y sacudir la cabeza una vez más. Porque el gilipollas no tiene fin, se adapta, se renueva y, de algún modo, siempre logra sorprendernos.

Así que, la próxima vez que te encuentres con un gilipollas en la vida real, en lugar de enojarte, sonríe y piensa que, sin él, la vida sería un lugar mucho menos divertido. Al fin y al cabo, en cada momento, en cada esquina, en cada rincón de la vida moderna… siempre habrá un gilipollas dispuesto a recordarnos que el mundo no sería el mismo sin ellos.

Y quién sabe, tal vez, solo tal vez, el próximo gilipollas seas tú.

Con esta conclusión, cerramos el «Manual del Gilipollas Ilustrado», una guía esencial para entender, identificar y, sobre todo, reírnos de este personaje universal. ¡Que te sirva de recordatorio para navegar por el mundo con humor, paciencia y un toque de ironía!

www.ingramcontent.com/pod-product-compliance
Lightning Source LLC
Chambersburg PA
CBHW051359250726
48656CB00006B/2164

* 9 7 9 8 3 4 6 2 0 5 0 1 2 *